भावों का विस्तार, मन ही है आधार।

हर वक्त रहे जो साथ, सुन लेता जो हर बात।

सुम्मी दत्ता

/ BookLeaf
Publishing

India | USA | UK

Made with ❤ on the BookLeaf Publishing Platform
www.bookleafpub.in
www.bookleafpub.com

Dedication

ये कविताएं उन सभी लोगों, रिश्तों और परिस्थितियों को समर्पित है, जिन्होंने हमें सकारात्मकता की प्रेरणा दी है। ये कविताएँ समर्पित है सबसे पहले मेरे नन्हे से शिशु शिवांश को, फिर मेरे माता पिता, मेरे भाई, मेरे बड़े भैया, मेरे पति, मेरी सासू मम्मी, मेरे घर की सारी स्त्रियों को फिर चाहे वो भाभी हों, दीदी हों, माँ हो, चाची हो या मामी हो और अंत में इस पीढ़ी के सभी बच्चों को ।

Preface

कविता शृंखला की ये २१ कविताएं लिखने की प्रेरणा का कोई एक स्रोत नहीं है । जब इसकी शुरुआत की तब मन में कई भावनाएं एक साथ दस्तक दे रही थी। अभी करीब डेढ़ साल पहले ही मातृत्व ने हमारे अंदर जन्म लिया और आज पूरी तरह से उस मासूम चहरे की अद्भुत मुस्कान ने हमारे मन को अपना बंदी बना लिया। अब उससे ज़्यादा ख़ूबसूरत और जरूरी कुछ लगता ही नहीं ।

जीवन के ख़ूबसूरत सफ़र में कई पड़ाव आए हैं और आगे भी आएंगे । ऐसी कई भावनाएँ हैं जिसने हमें सींचा है, ऐसी कई मंज़िलें हैं जहाँ तक हम पहुँच नहीं पाए, कई ख्वाहिशें पूरी होते होते रह गयीं। ये रचना उन्ही की देन है ।

जब तक कुछ छूटने का ग़म ना हो, वो हमें अंदर तक तोड़ ना जाए, भावनाओं का पवित्र झरना नहीं फूटता । जिस तरह नदी की चंचलता आगे बढ़ते-बढ़ते कहीं मौन और गहरी हो जाती है, उद्गम स्थल में दिखने वाली छोटी सी धारा एक विराट नदी बन जाती है, जो जंगल, पहाड़ जैसी अनेकों बाधाओं को पार कर अंत में समुद्र में मिल जाती है, जीवन भी एक चंचल स्वरूप में प्रकट होती है और फिर अनुभवों का पानी पीकर शांत और गहरी हो जाती है। फिर एक दिन ये जीवन उसी अनंत में विलीन हो जाती है जहाँ से उसका आरम्भ हुआ था और फिर एक नए भविष्य की यात्रा करती है ।

इस शृंखला की हर कविता मन में उठे हुए भावों का शब्दों में रूपांतरण भर है । अगर कोई सीख है , कोई सांत्वना है, कोई हिम्मत

है या कोई पछतावा को छोड़ने के तरीक़े हैं, तो ये सारी बातें दुनिया को सिखाने की चेष्टा तो बिल्कुल नहीं है । ये सब बातें हमारे मन ने हमसे की ताकि हम बेहतर बन जाएँ । हमें लगा हमारे जैसा ही मन तो सबके पास होगा, हमारे जैसी भावनाएं सब में उठती होंगी तो बस साँझा कर दिया । ये २१ कविताएँ मन में हो रही उथल पुथल और भावनाओं का संगम है ।

इस श्रीख़ला की कविताओं की शुरुआत हमने मम्मी पापा से की है, जिससे हमारी शुरुआत हुई है और इनसे ज़्यादा पवित्र कोई रिश्ता होना मुश्किल है । बड़े होने की प्रक्रिया में हम इतने मशगूल हो जाते हैं की अक्सर भूल ही जाते हैं कि कोई और भी है जिसने हमें खड़ा होना,चलना और बड़ा होना सिखाया है और अब जब हम बड़े हो गए हैं जीवन ने उन्हें बुढ़ापे की दहलीज़ पर लाकर खड़ा कर दिया है। हमारे माता पिता ये एहसास तक नहीं कराते की हमें पाने में और हमें बनाने में उन्होंने क्या क्या खोया है। इतने पर भी वे यही चाहते हैं की बस बच्चे खुश रहें।

हमने जीवन की कहानी को आगे बढ़ाया और बचपन में होने वाले विरह का जिक्र किया, जो मेरे बड़े भैया और मेरे भाई के साथ हुआ । ये एक सामान्य घटना थी। नौकरी और पढ़ाई अपनों से दूर तो कर ही देती है। पर एक बच्चे के मन को तोड़ने के लिए काफ़ी है।

फिर हम बड़े हुए, थोड़ी समझदारी आई, ख़ुद को बदलना सीखा, लोगों को अपनाना सीखा, ख़ुद को माफ़ करना सीखा। पछतावे से कैसे जूझा जाए इसमें बड़ा वक्त लगा पर जो भी समझ आया, हमने बताने की कोशिश की । सही ग़लत, सफल असफल जैसे मापदंडों से उपर उठकर ख़ुश रहना सीखा। ये सब एक दिन की बात नहीं है, इस

छोटे से जीवन की हर घटना, हर फ़ैसले ने कुछ ना कुछ सिखाया है और अभी भी सीखा रही है । ये बरसों में क्रम बद्ध तरीक़े से हुए बदलाव हैं, जो हैं तो अपने भले के लिए पर बदलना किसे पसंद है, इसलिए ख़ुद को समय के साथ बदलने की जद्दोजहद ही इन कविताओं की आत्मा है । मन में उठने वाली हर छोटी बड़ी भावनाएं , फिर चाहे वो रिश्तों से जुड़ी उलझनें हों या शिशु वात्सल्य हो या प्रकृति को देखकर उठी जिज्ञासा और उसके मौन स्वरूप का विश्लेषण हो या अपनी ही स्थिति का विश्लेषण हो, बचपन की यादें और उनसे जुड़े सपने हों ,हमने इन सभी को कविता में ढालने का प्रयास किया है।

उम्मीद है की इस शृंखला की हर कविता पढ़ने वालों को अपने जीवन के किसी ना किसी हिस्से से जुड़ी हुई लगेगी , उन्हें ये कविता किसी और की नहीं बल्कि अपनी ही मन में उठने वाली भावनाओं का अटूट संगम लगेगी ।

Acknowledgements

ये कविताएँ भावों के रूप में तो बहुत दिनों से मन में विचरण कर रही थीं। पर इन्हें धरातल पर लाना मुश्किल था। इसकी प्रेरणा हमें कइयों से मिली। सबसे पहला श्रेय तो हमारे डेढ़ साल के जीवंत स्वप्न शिवांश को जाता है। उसने अपनी चंचलता से मेरे मन को वो ठहराव व स्थिरता दी, जो मन के भावों को काव्य में बदलने के लिए जरूरी है। मेरे पति और मेरी सासू मम्मी का मैं आभार व्यक्त करना चाहती हूँ, जिन्होंने मेरे हर खट्टे मीठे और तीखे भावों को सहज स्वीकार किया है और मुझे हर रोज़ अपने को बेहतर बनाने के लिए प्रेरित करते हैं।इस शृंखला की कविताएं उनके सहयोग के बिना पूरी हो ही नहीं सकती थी।

ये किताब समर्पित है मेरे माता-पिता को जिनकी प्रेरणा से हम हैं। वो ना होते तो मेरे विचारों में ये उन्नति कभी ना होती। मेरे जीवन का सबसे ख़ूबसूरत तोफ़ा, मेरा भाई, जो मेरे माता पिता की ही देन है , उसने मुझे बचपन से ही बहुत प्रेरित किया है, हर परिस्थिति में उसने मेरा हर तरीके से साथ दिया है। कई बार जब उलझनों में होते हैं तो उसकी ही राय काम आती है। बहुत कोशिश की पर उसके स्वभाव की विनम्रता और मन के ठहराव की नक़ल करना तो मेरे लिए संभव नहीं हो पाया। ये कविताएँ जितनी मेरी है शायद कुछ हिस्सों में उसकी भी है। हमारे बड़े भैया जो बचपन से मेरे और मेरे भाई के मन के बहुत करीब हैं, उनका पढ़ने और सीखने के प्रति जो लगाव है और घर में सबके साथ जो भाव है, वो हमें बहुत कुछ सिखाता है। हम दोनों ही भाई बहन उनसे काफ़ी प्रभावित रहते हैं और इसलिए कविताओं की इस शृंखला में मेरे भावों के ज़रिए वो भी शामिल हैं।

आख़िर में ऐसे कई लोगों का धन्यवाद देना चाहती हूँ जिनके सम्मिलित भाव इन कविताओं में हैं और जिन्होंने कई बार हमें नकारात्मकता के अँधेरे से बचाया है। ऐसे लोग हमारे घर में भी हैं, हमारे भाई बहनों और भाभियों में, हमारे दोस्तों में हैं। मेरी एक परम मित्र है, जिससे प्रेरित होकर एक लड़की की स्थितियों का आकलन एक कविता के माध्यम से इस किताब में किया गया है।

इन भावों का श्रेय ऐसी दुनिया को भी जाता है, जो वास्तविकता में हमारे साथ तो नहीं होते पर जहाँ से प्रेरणा लेना इतना सरल है की हम जब चाहें उनसे जुड़ सकते हैं।

ये कविताएँ आधी अधूरी ही रह जातीं अगर इसके प्रकाशन की कोई उम्मीद ना होती। मैं बुकलीफ़ पब्लिशर्स का आभार व्यक्त करना चाहती हूँ जिन्होंने इस अनोखे प्रतियोगिता के ज़रिए ना जाने कितने नए कवियों को प्रोत्साहित किया होगा, मैं भी उन्ही प्रतिभागियों में से एक हूँ।

1. मम्मी पापा के सपने

दो लोगों ने शुरुआत थी की,
एक परिवार की नींव रखी।

जिस दिन वे चले बनाने को,
एक नया घरौंदा सपनों का,
वो ख़ुद के ही बस अपने थे,
कुछ ख़ास नहीं संग अपने थे ।

थोड़े-थोड़े सपने दोनों ही आँखों में बसते थे,
वे घंटों बातें करते थे ,
दुनियादारी, ज़िम्मेदारी और सपनों की साझेदारी।
कैसा जीवन आगे होगा, कैसी-कैसी बाते होंगी,
कैसी बाधाएँ होंगी, फिर कैसे उनसे निपटेंगे ।
जीवन के दोनों भावों को, सुख को या घोर अभावों को,
वो सह लेंगे आधा-आधा,
कर लेंगे पार वो हर बाधा ।

फिर एकदिन वो माँ बाप बनें,
मम्मी ने अपने सपने छोड़े,
पापा ने कुछ पैसे जोड़े,
ले आए नये खिलौने, कपड़े और बहुत सारा सामान,
सजा लिया मिलकर आँखों में साँझे सपनों का संसार।

अब हर दिन और हर एक रातें,

बच्चों के नाम वे कर जाते ।

फिर छतरी एक ही हो तो क्या?
बिस्तर ना भी हो तो क्या?
फिर जेब भले कंगाल रहे,
पर हिम्मत की सुनहरी ईंटों से उनकी शामें आबाद रहें ।

कुछ पता नहीं क्या सहते थे,
अपनी क्या कुछ वो कहते थे,
हम बच्चे जैसे भी जो भी थे,
उनकी आँखों की ज्योति थे।

बात समझ ना कुछ आई,
हम बच्चे तो खुशहाल रहे,
इतनी खुशियाँ झोली में थी,
कब कोई कमी ही रहने दी ।

बन गए वो बच्चों के सबकुछ,
रह गए वो उनके ही होकर,
बंध गए वो उनके गीतों में,
खो गए वो उनकी रीतों में,
वो ख़ुद को यूँ भूले बिसरे,
भूले वो अपने गीतों को,
भूले वो हारे की जीते,
भूले वो अपने सारे ग़म,
उनके हर ग़म को पीने में ।

जितनी उनकी सामर्थ रही,
वो पास रहे या दूर रहे,
बच्चे उनके आबाद रहें ,
बस इतनी ही फ़रियाद रही ।

हम बच्चे क्या ही करते हैं,
उनको क्या सुख ही देते हैं,
हर वक्त कमी गिनवाते हैं,
उनको पछतावा देते हैं ।

हर वक्त शिकायत रहती है,
हम उनको ये सिखलाते हैं,
क्या करना था ना करना था,
हम उनको पाठ पढ़ाते हैं।

जो भूल गए अपने सपने,
उनपर आरोप लगाते हैं,
था बस में आप नहीं लाये,
मेरे सपनों की वो कुंजी,
मेरे मन की जो कर देते,
हम होते यूँ बर्बाद नहीं ।

मम्मी पापा फिर मौन रहे,
वो समझ नहीं ये पाते हैं,
हमने कैसे बर्बाद किया,
हम तो ले आए थे सबकुछ,
जो भी अपना सामर्थ रहा।

पर बात एक ये भी सच है,
मम्मी पापा में कमी नहीं,
तो बच्चे भी कोई कम हैं,
वो तो बच्चों सा सोचेंगे,
जिनपर पूरा अधिकार लगा,
उनको ही ग़लत तो कह देंगे।

एक दिन बच्चे भी समझेंगे,
जब अपना समय बिताएँगे,
वो क़िस्सा फिर दोहराएँगे,
घर को लौट वो आएँगे,
ये देख के वो भरमाएँगे,
वो भी अपने माँ बाप हुए
कर गए सभी वो कार्य कठिन,
वो भी जीते और हार गये,
जो उनकी अब शक्लें भी हैं,
कुछ उन जैसी ही लगती हैं,
कहते हैं माँ बाप जिसे,
वो उनसे अलग कहाँ कब थे ।

2. मेरे भैया

आता है जहां से याद मुझे
मेरे भैया हैं बहुत निराले ,
मेरे भैया हैं सबसे बड़े,
पर लगते मुझसे थोड़े छोटे।

लड़ते थे झगड़ते थे जब,
और खूब बहस भी करते थे जब,
अक्सर मैं रूठा करती थी,
वो मुझे मनाया करते थे,
गलती मेरी ही होती थी,
पर वही मनाया करते थे ।

मेरे भैया हैं बहुत इंटेलीजेंट,
फँसा नहीं सकता उन्हें कोइ सेलिंग एजेंट,
उनकी पर्सनालिटी है इतनी अट्रैक्टिव,
की कोई भी एजेंट नहीं हो पाता रिएक्टिव,
इतनी फ़्लूएंट है उनकी भाषा,
की मिलने वालों पर छोड़ जाते हैं अपना इन्फ्लुएंस।

अगर कभी लाना हो टिकट या फिर हो पोस्ट ऑफिस का कोई भी
काम,
लंच ऑवर से 2 घण्टे पहले ही हो जाते रेडी,
निकलता हूँ निकलता हूँ कहते कहते ही जाने फिर कैसे हो जाते लेट,
पहले तो ऐसे ही थे मेरे बड़े भैया।

रोज रोज पढ़ने के नये नये शेड्यूल बनाया करते थे,
 पर कोई काम ना आता था वो चिंतन ही करते रहते थे,
बिस्तर पर किताबों की ढेरों लाइनें लगाया करते थे,
और बगल में अक्सर वो सो जाया करते थे ।

जॉब तो लग चुकी थी उनको,
जॉइनिंग पर आकर लटके थे,
आया था वो भी एक दिन
जॉइनिंग लेटर वो झटक झटक कर पढ़ते थे,
उस दिन मुझको मेरे भैया लगते थोड़े हटके थे।

लगता था ऐसे जैसे क्या कुछ वो कर जाएँगे,
खुशियों से भरा हुआ tha हर एक पल हर एक घड़ी,
वो हरदम पूछा करते थे क्या ला दूँगा,
ये ला दूँगा ?वो ला दूँगा ?
लगता था ऐसे मानो संसार उठा वो लाएँगे,
अपने ही दोस्तों के बीच अब मैं कुछ ज़्यादा इठलाती थी,
और इठलाती भी क्यों ना मेरे भैया जो ऑफिसर थे ।

बस एक कमी ही खलती थी वो भी मेरी ही गलती थी,
'बहना -बहना ' सुनने की आदत जी पड़ गयी थी मुझे,
वो अब थोड़ी कम सुनाई पड़ती थी।

मेरे भैया अभी भी हैं बहुत निराले,
फ़र्क़ है तो सिर्फ़ इतना की

पहले वो कभी कभी बातों बातों में मुझसे छोटे लगते थे,
पर अब वो हमेशा ही मेरे बड़े भैया लगते हैं।

3. मेरा विश्वास

ग़लतियाँ, जो मुझसे खूब होती है,
पर वो जो समझता है,
पर वो जो कहता है,
कोई बात नही सबसे होती है,
पर वो जो दूसरों के सामने मेरी ग़लतियाँ छुपाता है,
और वो जो मुझे कभी ग़लत साबित नहीं होने देता।

मैं तो एल्युमीनियम हूँ
पर वो जो मुझे सिल्वर बनाने में लगा रहता है
मेरी क़ीमत बढ़ाने में लगा रहता है,
मेरी अच्छाइयों को और अच्छा
और बुराइयों को मिटाने में लगा रहता है।

मैं तो बहुत चंचल और बुद्धू हूँ,
पर वो जो मुझे बर्दाश्त करता है,
मेरी हर भूल को नासमझी समझकर माफ करता है,
मेरी हर सफलता पर मुझसे ज़्यादा खुश होता है,
और मेरी हार पर मुझसे ज़्यादा रोता है।

मैं तो बहुत बातूनी हूँ,
वही सुनता है मेरी बकवास
वही तो मुझे बोलने से कभी नहीं रोकता,
वही तो मेरा विश्वास है,
वही तो मेरा भाई है।

4. आज पहली बार

आज तक कभी ऐसा हुआ ही नहीं,
तुम्हारे बिना कुछ किया हो कभी।

मेरी हर बात समझते थे,
कुछ कहने से पहले ही सुन लेते थे,
मेरे हर भावों को आँखों से ही चुन लेते थे।

ऐसा भाई जिसे मिले वो और क्या माँग सकता है,
कोई भगवान भी इससे ख़ूबसूरत और क्या ही दे सकता है ।

अपने से ज़्यादा जिसे मेरी ख़ुशीयाँ अज़ीज़ लगती है,
उसके सपने आज अपने से ज़्यादा जरूरी लगती है,
फिर ठीक है वो मायूसी वो दूरी भी,
जो कल को हसीन बना दे, वो मजबूरी भी ।

आज़ पहली बार
ख़ुद से सिर्फ़ ख़ुद से बातें करती हूँ,
क्योंकी यहाँ कोई सामने नहीं,
यहाँ कुर्सी ख़ाली पड़ी है,
कुछ कहते कहते सामने नज़र पड़ी है,
क्यों आज पहली बार कोई सुन नहीं रहा।

सुबह हो चुकी है,
बिस्तर पर कॉपी किताबों के साथ,

मैं ऊँघ रही हूँ,
पर आज पहली बार,
कोई जगाने नहीं आया,
इसलिए अचानक उठ पड़ी हूँ,
क्यों आज पहली बार, क्यों आज पहली बार।

5. खो गयी किस वक्त में वो?

वो तड़पती धूप सी,
वो मचलती शाम सी,
 वो सुबह का नूर भी,
वो महकती शाम भी,
रास्ता गुमनाम सी,
या अंधेरी रात सी,
पर किरण सी टूटती वो,
हाँ किसी से रूठती वो,
थोड़ी सच सी झूठ सी वो,
हाँ किसी की स्वप्न सी वो,
बादलों की गूँज सी वो,
हाँ बरसती बूँद सी वो,
उर्वशी और मेनका वो,
है कहीं जाने कहाँ वो,
खो गयी किस वक़्त में वो,
गुमसुधा है हर जगह वो,
खो चुकी पहचान भी वो,
सो गयी आस्वस्थ होकर,
या कहीं अस्वस्थ होकर,
है धरा उसने संभाली,
पर बिलखती रूह सी वो,
है सुधा की बूँद सी वो,
पर ख़ुद ही को ढूँढती वो,

आएगी एक दिन पलट कर,
है विजय की घोषणा वो ।

6. भँवर ।

ये जो भँवर है,
कितनी गहरी है,
शायद किसी खाई से भी गहरी।

ये जो सोच है,
बैठे ही बैठे थका देती है,
ये जो कल्पनाएँ हैं,
बैठे ही बैठे जाने कहाँ पहुँचा देती है,
ये जो सपने हैं,
व्यर्थ ही बिछड़ों से मिला देती है,
किसी अमिट स्मृति को गहरा देती है,
ये जो भावनाएँ हैं,
व्यर्थ ही रुला देती है,
ये जो मन है
व्यर्थ ही कई असंभव से सपने दिखा देती है ।

एक से निकलो तो दूसरे में फँस जाओ,
एक मुश्किल ख़त्म तो दूसरी शुरू,
एक काम ख़त्म तो दूसरा शुरू,
एक शिकायत ख़त्म तो दूसरी शुरू,
एक उम्मीद ख़त्म तो दूसरी शुरू।

हो सोच कोई या भाव कोई,
मिटना इनका स्वभाव नहीं,

ना ख़त्म कभी होने वाली,
ये कड़ियाँ जुड़ती रहती हैं ।

है जुड़ी अंत के साथ शुरु,
है ये अनंत का राग कोई,
है एक भँवर जो है अनंत,
कर देती सबका अंत मगर,
भावों का अंत नहीं होता,
किरदार नये शामिल होते,
या यूँ कह लें ,
ले लेते हैं वो जन्म नया ।

हो रहा शुरू और अन्त यहाँ,
भावों के भी हैं ढंग अलग,
एक सुख में है, एक दुख में है,
हो रहा है दोनों का वितरण।

कभी हँसाना, कभी रुलाना, ये तो नियति का खेल रहा,
फँसे भँवर में भावों के, ना कोई और ही ठौर रहा,
जो ख़ुद अनंत सा गहरा है , ले पाए कौन ही थाह यहाँ,
ना जोड़ कोई लग पाएगा, बस आत्मसमर्पण मौन रहा,
ख़ुद को जब सौंपोगे ऐसे, मिट जाएगी सारी हलचल,
गहराई में जब पहुँचोगे, उपर से जो थी उथल पुथल,
सब अपने ही मिट जाएगी, मन शांत सरोवर सा होगा।

7. बदलती जिंदगी

बात-बात पर लड़ना, अब हमने छोड़ दिया है ।
गुस्साना-चिल्लाना हर बात पर, अब हमने छोड़ दिया है ।

गुस्सा आ भी जाए, तो चुप रहना अब हमने सीख लिया है ।
और अगर चुप ना रह पाए, तो ख़ुद को माफ करना अब हमने सीख लिया है।

दूसरों से मिली माफ़ी, ग़लत होने का एहसास मात्र है दिलाती,
ख़ुद से मिली माफ़ी, बस जाने दो , ये है सिखलाती ।

हम आज मुस्कुरा दें, तो वो ख़ुश हो जाएँ,
हम आज सज लें, तो वो नज़रें उतार दें,
हम आज रूठें, तो वो मना लें,
हमारे बिन बताए ही हमारे मन को कोई पढ़ ले,
ऐसी ख़ुशफ़हमियाँ अब हमें नहीं होती।

सुबह की पहली किरण, वो उगता सूरज, वो सुकून की चाय,
वो उठते साथ जगी आँखों से सपने देखना और दिनभर देखते रहना,
ये सब अब हमें कुछ ख़ास नहीं लगती ।

देर तक सोएं भी रहें, तो अब हमें अफ़सोस नहीं होता,
चाय ना भी मिले तो तलब नहीं होती,
जगी आँखो से सपने देखना, अब हमें नादानी लगती है,
दिन के हर पहर, हर पल को महसूस करना,

अब अच्छी लगने लगी है ।

अब किसी की नाराज़गी हमें परेशान नहीं करती,
किसी को मनाने की कोशिश हम कुछ ख़ास नहीं करते,
कोई मान जाए यूँ ही तो एतराज़ नहीं करते।

किसी की खामोशी अब हमें तबाह नहीं करती,
किसी की बेरुख़ी अब हमें बेज़ार नहीं करती।

दूसरों से घंटों बातें करना अब हमें थका देती है,
ख़ुद से की हुई बातें अब हमें जगा देती है,
किसी की तारीफ़ अब दिखावा लगती है,
कोई दोस्ती करना चाहे तो छलावा लगती है,
कोई पूछ ले अगर हाल, तो हँसी आती है।

ये समझदारी है या नासमझी पता नहीं है,
पर हर दिन की ख़ामोशी अब यूँ ही अच्छी लगने लगी है,
जो पास है वो बेहतरीन लगने लगी है,
जो दूर है उसके सपने हसीन लगने लगे हैं,
अपना साथ खुशगवार लगने लगा है,
और जिंदगी बेमिसाल लगने लगी है ।

8. सफल कौन?

पहचान खोने पर कीमत समझ आती है।
जब कोई ना मिले तो उसकी जरूरत समझ आती है ।
असफल होने पर लोगों की नियत समझ आती है ।

सफलता का मतलब उससे पूछो जिसे नहीं मिली।
पहचान का मतलब उससे पूछो जिसने गंवा दी ।

जो सफल है परिश्रम तो उसने भी किया है,
पर यदि इसका सही अर्थ समझना हो,
तो उस थके हुए इंसान से पूछो,
जिसे इसकी क़ीमत नहीं मिली ।

जो जीता वो तो सिकंदर बन ही जाता है,
पर जो हारा उसे ख़ास कोई नहीं बताता,
उससे नज़रें कोई मिलाना नहीं चाहता,
उसके पास कोई आना नहीं चाहता,
उसे अपना कोई बताना नहीं चाहता ।

पर सच तो ये है,
जितने वाले अक्सर जश्न में खो जाते हैं,
उनकी याददाश्त अक्सर कमजोर हो जाती है,
पुराने यार दोस्त रिश्ते उनकी ज़हन से खो जाते हैं ,
उनके साथ दुनिया खड़ी होती है,
सो वे किसी और के हो जाते हैं ।

हारने वाले का संघर्ष बड़ा होता है,
वो भीड़ में अकेले ही खड़ा होता है,
वो टूटता है, बिखरता है,
रोता है बिलखता है,
आसुओं के समंदर में गोते लगाता है,
पर डूबता नहीं, ठहर जाता है,
एक रोज़ वो चुप हो जाता है,
अब वो उठता है, आगे बढ़ता है,
और फिर पीछे मुड़कर नहीं देखता है ।
अब सफलता के पैमाने वो ख़ुद तय करता है,
ज़िन्दगी उसे सिर्फ़ बेहतर नहीं, बेहतरीन इंसान बना देती है,
उसकी संवेदना, उसका ठहराव समाज को नयी दिशा देता है ।

यहाँ जीत और हार किसी इंसान की नहीं है,
ये तो सफलता के वो खोखले पैमाने हैं,
जिसकी कोई ठोस वजह नहीं है,
किसी का मनोरंजन मात्र है ,
और सब उसे सच मान बैठे हैं ।

ये बिल्कुल ऐसा ही है जैसे
किसी सरफिरे राजा ने कह दिया हो
सफल वही है जो महल के १० चक्कर रोज़ लगाता हो,
और जनता दौर पड़ी ।
किसी दिन राजा बदला और पैमाने भी बदल गये ।

अपनी सफलता अपने हाथ में है,

पर तब जब सफल होने के मायने सिर्फ हम तय करें ।
कोई और कैसे बता सकता है ,
की हम कब और कितना फ़ासला तय करेंगें ।

सबकी अपनी अपनी खूबियां होती है,
कोई लिखता अच्छा है, कोई सुनाता अच्छा है,
कोई सीखता अच्छा है, कोई सिखाता अच्छा है ।

जब सबका हुनर अलग है
तो जीत के पैमाने एक कैसे हो सकते हैं?

जिसे दौड़ना अच्छा लगा वो दौड़कर जीत गये,
हमें ठहरना पसंद था, हम ठहर कर जीत गए ।

9. रूठना मनाना

थक चुके हैं हम मना कर जिन्हें,
अब वो रूठ भी जाएँ तो फर्क नहीं पड़ता।
हमें इंतज़ार है अभी भी उनका,
पर अब वो ना भी आएँ तो फ़र्क नहीं पड़ता ।
कोई शिकायत तो मन में थी ही नहीं,
पर अब उनकी कड़वाहटों से फर्क नहीं पड़ता ।
हम मन में उनकी यादें संजो कर रखेंगे,
पर अब वो भूल भी जाएँ तो फर्क नहीं पड़ता ।

बड़ी मेहनत करवाती गुस्सा, बेसिर पैर बुलवाती गुस्सा,
नफ़रत ही करवाती गुस्सा, पछतावा आख़िर दे जाती गुस्सा ,
अपने मन को बहरा करके, उसकी बातें ठुकराती गुस्सा ।
अपने को आज बचा लो तुम, छोड़ ही दो अब ये गुस्सा ।

दुनियाँ में हैं सब लोग अलग,
फिर मेरे जैसा हो ले सब
कैसे होगा ये संभव अब,
इन बातों का भी ग़म कर लें,
ख़ुशियाँ अपनी कुछ कम कर लें,
क्या हांसिल फिर हम तब कर लें,
सुंदर से रिश्ते गवां कर के,
अपनों को भी ठुकरा करके,
अपना सारा वक़्त ख़राब करें
फिर उसमे क्या अच्छा होगा ।

जो जैसा है वैसा स्वीकार करें,
रूठें तो मानना भी सीखें,
ना सीखें तो फिर ना रूठें ।

रूठना मनाना कुछ नया नहीं, बच्चों का खेल ही होता है,
उन्हें रूठना आता है, पर करते हैं वो देर नहीं,
उनसे होती है सब्र नहीं वो झट से मान भी जाते हैं।
बड़े होते ही हम भूले सब, इस खेल में ना कुछ बात रही,
रूठना तो याद रह गया मगर मानना तो जैसे भूले हम ।

10. बदलने की चाह

रातभर जो सुबह का इंतजार करे,
वो रात को बर्बाद और सुबह को बदनाम करे ।

किसी को बदलने की चाह में अगर जिंदगी गुज़र जाये,
क्या फ़ायदा फिर ऐसे सब्र का जो वक्त को बर्बाद और
क़िस्मत को बदनाम करे ।

बदलना, बदला ले लेना और सबक सिखला देना,
ये सब ऐसी हो बाते हैं, जीवन का अर्थ बदल देगी,
कोई सीखे या ना सीखे पर सब कुछ ही व्यर्थ वो कर देगी ।

यहाँ सीखने वाला तो कोई भी नजर नहीं आता,
मगर सिखाने वालों की भीड़ खत्म नहीं होती ।
जो सबक सिखाने वाले हैं, वो अक्सर मन के साफ़ नहीं,
जो बड़े दिखें इस कोशिश में सबको छोटा कर देते हैं,
ऐसे बड़ों में, ऐसे छोटों में, फिर रहती कोई बात नहीं ।

जो अपने बस की होती है उसको हम ठीक नहीं करते,
जो अपने मन की ज्योती है उसका हम ध्यान नहीं रखते,
चले बदलने दुनिया को, ख़ुद की परवाह नहीं करते ।

जो ख़ुद को टक्कर दे पाते, अपने को बेहतर कर लेते,
अभिमान रहित हम हो जाते, सबके मन को हम पढ़ लेते,
जो मन की बात समझ लेते, बैर कहाँ फिर टिक पाता,

ये बात समझ में आ जाती, सारा श्रम ये बेकार गया।

जिन्हें बदलने की चाहत में, हमने जीवन बर्बाद किया,
वो सुधरें इसकी चाहत को, हमने सौ सौ बार किया,
उन लोगों की भी चाह रही, वो हमें बदल पाते थोड़ा।
जब तक ये कोशिश जारी थी, ना हम बदले ना वो बदले।

जब हमने ख़ुद को बदल दिया, कुछ अपना विश्लेषण करके,
अपनी ज़िद को यूँ पलट दिया, उनको बख़्शा और छोड़ दिया,
फिर जाने कौन सी बात हुई, बिन मांगे ही बरसात हुई,
कुछ किए बिना सब बदल गया,
कुछ समझाने से जो बिगड़ी थी,
कुछ कहे बिना ही सुधर गया ।

अब मतलब ये बिल्कुल साफ़ हुआ ,
जो हम बदले तो जग बदले,
जो हम सुधरे तो जग सुधरे ।

11. पछतावा

कुछ फैसले, कुछ फ़ासले, कुछ अनकही बातें और ढेर सारी शिकायतें
ख़ुद से, क्या इसी को तजुर्बा कहते हैं?

काश ये नहीं हुआ होता, काश ये नहीं कहा होता,
काश हम वहाँ नहीं जाते, काश हम वक्त पर जाते ,
काश हम मना लेते, काश हम नहीं रूठते,
काश हम रुक जाते, काश हम झुक जाते,
काश हम चल देते, एक नई पहल देते
और ना जाने क्या-क्या?

ऐसी बातों का अक्सर,
हिसाब खत्म नहीं होता।
खो जाते हैं किरदार मगर
मन पर पड़ी दरारों के,
निशान ख़त्म नहीं होते।

क्यों ऐसे हालत हुए, हम बेफ़िज़ुल बदनाम हुए ।
क्यों ऐसे प्रश्न उठे, जिसके उत्तर में हम बर्बाद हुए।

कोई ना लेना देना था, फिर शामिल क्यों बेकार हुए,
अनचाही कितनी ही राहों पर, चलने को क्यों तैयार हुए।

कुछ ऐसे ऐसे किस्से हैं जो अनसुलझे से हिस्से हैं,
हम नहीं जानते पूरा सच पर फिर भी ये उत्तर पाया,

जो मेरे मन को है भाया ।

एकबार अगर सोचो यूँ की,
मिल जाए वक्त वो दोहराकर,
इसबार अलग फिर क्या होगा,
तुम ख़ुद को कुछ समझाओगे,
फिर भूल नयी कर जाओगे,
फिर उसपर तुम पछताओगे,
हरबार बदल दोगे सबकुछ,
फिर भी कुछ तो रह जाएगा,
जो तुमको बहुत सताएगा ।

बार बार दोहराकर भी कुछ बातें खत्म नहीं होतीं,
बार बार पछताने से जो बिता लौट नहीं आता,
कुछ भी निर्णय लो सही ग़लत,
कुछ भी फल होगा इसका अटल,
तुम इसको सहज स्वीकार करो,
मत पछतावा बेकार करो,
ये मानो की जो कुछ होगा पूरा तो सही नहीं होगा,
कितना भी तुम सोचो समझो, निर्णय के पहलू होंगे दो।

फिर भी पछतावा घेर ही ले,
मन के आँगन में डेरा दे,
फिर तुम कुछ ऐसा सोचो की,
पछतावे में क्या अच्छा है?
जो भूल हुई हम सुधर गये,
जिसने सिखलाया मोल नया,

वो गलती भी तो अच्छी है,
वो भूल बहुत ही सच्ची है,
जो करते ना कुछ भी ऐसा,
वो पछतावे करने जैसा,
कब अनमोल सा ये मोती पाते,
कब हम क्यों ही सुधर जाते?
ख़ुद को बेहतर कह पाते ।

और अगर कुछ ना समझो,
फिर भी अपना हित तो समझो
जितनी की अपनी गलती थी,
उससे ज़्यादा क्यों दाम भरें,
क्यों बीती बातों पर अपनी
इतनी शक्ति बर्बाद करें,
जो मन को ही कमजोर करे,
ना कुछ अच्छा ही करने दे,
बस अटका कर रख दे हमको,
फिर क्यों ना इसको जानें दें
अपनी गलती भर मानें हम
और ख़ुद को यूँ पहचानें हम,
जो किया तभी वो ठीक लगा,
जो बीत गया अब नहीं रहा,
है पास वही बस अपना है,
जो करना है अब करना है,
अब रुको नहीं इस डेरे पर,
मत वक्त अधिक बर्बाद करो,
शिक्षा लेकर आगे चल दो,

पछतावे का घर पार करो ।

कुछ मिलते जुलते से किस्से,
आएँगे फिर से पास तेरे,
इसबार अगर कर सकते हो,
तो इतना ही बस ध्यान रखो,
इसबार जो तुम कर जाओगे,
फिर से देगी वो सीख नयी,
ना बिना रुके ना बिना झुके,
आगे बढ़कर तुम नयी सीख,
और नयी रीत स्वीकार करो,
मत पछतावा बेकार करो।

12. ऐसा होता है क्या?

जो कहा, वो सुना और वही समझा,
ऐसा होता है क्या?

जो चाहा, वो मिल भी गया,
ऐसा होता है क्या?

जो मिला, वो पसंद भी आया,
ऐसा होता है क्या?

जो सपने हमने देखे पूरे कोई और कर गया,
उसपर भी हम ख़ुश ही हुए,
ऐसा होता है क्या?

जो इंतज़ार हमें था, किसी और ने भी हो किया,
ऐसा होता है क्या?

जो सोचा वो कह नहीं पाए कभी
और जो सोचा नहीं वो सभी था कह दिया,
ऐसा होता है क्या?

जो सही रास्ता दिखाए, वो मिल जाए भटकती राह में,
ऐसा होता है क्या?

ऐसा नहीं है की समझ में आती नहीं है बात अब,

पर गलतियों की भीड़ में हम सही भी थे कभी,
ये भरोसा अब नहीं है जो कहें ख़ुद को सही ।

ऐसा नहीं है की जो कुछ है मिला बेकार है,
पर मेरे इस मन ने है सीखा, बस बताना खोट ही,
स्वीकार कर ले वो ख़ुशी से ये कभी सीखा नहीं ।

ऐसा नहीं की, ख़ुश नहीं हैं हम किसी की जीत में,
पर हमारी हार हमको याद आ जाती तभी ।

ऐसा नहीं है की प्रतीक्षा जाएगी बेकार ही,
ये प्रतीक्षा है परीक्षा, कुछ तो ये सिखलाएगी,
जो ना करते हम किसी का और रुकते हम नहीं,
कब समझ पाते किसी के भी समय का मोल हम।

ऐसा नहीं की कुछ था सोचा और कुछ भी कह दिया,
पर जो सोचा था छिपा जाएँगे, वो भी कह दिया।

लोग मिलते हैं सही सब, राह भी दिखलाते हैं,
पर भरोसा ही नहीं कर पाएँ जो ख़ुद पर कभी,
कैसे सुन पाएंगे औरों की कही कुछ भी सही ।

13. सही-ग़लत

ना हम समझे, ना तुम समझे , नासमझी दोनों की है,
फिर कौन सही और कौन ग़लत होगा ये निर्णय कैसे,
थोड़े हम थे, थोड़े तुम थे, ग़लत तो दोनों ही थे,
जो ना मतलब कहीं ग़लत था, फिर सोच में आई कैसे?
बिन चिंगारी हुई ख़ाक, मन की फुलवारी कैसे?

सच की खोज सभी को है, झूठे का पता लगाना है ।
सही कौन है ग़लत कौन है, सबको ये बतलाना है ।
सबको अपना-अपना सच साबित करके ही रहना है ।
सबको अपना-अपना झूठ छुपा कर ही रखना है ।

सच को साबित क्यों करना है,
झूठ छुपेगा कैसे?
सभी सही हैं नजर में अपनी,
दोष दिखेगा कैसे?
सभी ग़लत है नज़र में उनकी,
कोई निर्दोष रहेगा कैसे?

अलग-अलग है नज़र सभी की
फिर सच एक ही होगा कैसे ।

सही है हम भी ग़लत नहीं तुम, यही है उन्नत सोच।
तुम भी जियो हम भी जियें, यही शांति की ओट।

14. नव नूतन मन

रही जिंदगी बँधी मौत से, फिर व्यर्थ इसे क्यों करना।
व्यर्थ उलझनें, व्यर्थ की बातें फिर सोच सोच क्यों लड़ना ।

किसे जीतकर, किसे हराकर, अमरत्व को हम पाएँगे,
जो जीता जो हारा आख़िर दोनों ही मिट जाएँगे।

बरसों से लेकर बैठे हैं मन में ढेर सा कचड़ा,
उसी सोच ने लगा दिया है खुशियों पर ढेर सा पहरा।

चलो विसर्जन करो आज तुम इस ठहरे पानी का,
करो स्वच्छ तुम निर्मल जल से मन का हर एक कोना,
नव नूतन रस से तुम सींचो मन रूपी आँगन को,
राग, द्वेष और क्रोध कभी ना इनको डिगा सकेंगी,
इसे सजा दो उन भावों से जो सुख सबको देंगी,
क्षमा भाव, सद्भाव, प्रेम,
बस इनकी ऊर्जा बहेंगी ।

15. जीवन के गीत

जीवन के गीत लिखे किसने?
सपना है देखा ये किसने?
कर्म किए हैं ये किसने?

हर जन्म की जो जीवन गाथा है,
कुछ तो अपनी ही करनी है,
कुछ नये स्वप्न और नयी सीख
और नयी ऊर्जा लेकर हम सब,
रच देंगे फिर एक कथा नयी,
कर जाएँगे हर जन्म नया ।

दुनिया में ढेर से अपने हैं
पर सबके अपने सपने हैं,
कोई हम सा क्यों हो लेगा,
क्यों राह अलग ना चुन लेगा ।

जीवन का स्वर हर सीने में,
पर जीने का अर्थ बताए कौन?

जीवन होती आसान अगर, क्या इतनी ही सुंदर होती,
पूरी हो जाती हर ख्वाहिश, ख़्वाब हँसी क्या लगती फिर।

आसानी से मिल जाए ख़ुशी, अच्छा होता पर ख़ास नहीं,

यूँ मिले सामान बिन मोल ही के, होती उसकी औक़ात नहीं ।

जो क़िस्मत को दे दे धोखा, बिन मेहनत ही हो जाए सफल,
वैसा कोई इंसान नहीं,
जो गुजरा, वक़्त वो लौटा दे वैसा तो कोई भगवान नहीं।

अधिक सोच कर झूठी सच्ची एक कहानी गढ लेना,
सर को बोझिल , मन को अशांत करके रोना,
ये लक्षण तो कुछ ठीक नहीं, नासमझी का है ये कोना,
हो सके तो कर आजाद इन्हें,
तुम अपना मन कर लो हल्का।

जो भी है जैसा भी है जीवन,
तुम बैर किसी से मत रखना,
सब असहाय, असमंजस में,
अपने सपनों के बंदी हैं,
तुम अपने जीवन को लेकिन,
रखना आजाद परिंदे सा,
जो भी होता जाए जग में,
मत तुम कारण को तकना।

बात अगर ये ठीक लगे,
तो इसको भी अपना लेना,
नियति में जो सब होता है,
कुछ भी तो ग़लत नहीं होता,
मेरे हँसने और रोने में,
किसी और का दोष नहीं होता,

अपने बस में कुछ अभी नहीं,
पर सब कुछ अपना किया धरा,
जो ख़ुद को कर लें आज सही,
कल होंगे हम बर्बाद नहीं ।

16. बेरोजगारी के फायदे

जब से हुए हम बेरोजगार,
हम ख़ुद के ही हैं सरकार,
अब ना कोई कारोबार,
ना रह गए ज़िम्मेदार
जो भी अपनाया था किरदार,
नहीं रहे हम हिस्सेदार।

अब हम लेट नहीं होते,
अब कोई वेट नहीं करता,
ना कॉलिज ना स्कूलों में,
ना और किसी कार्यालय में।

सुबह उठो और दौड़ पड़ो,
ऐसा नहीं रहा व्यापार,
ना सोम ना मंगल ना बुधवार
अब हर दिन है बस इतवार।
पहले हफ़्ते में २दिन थे,
जब हम चैन से सोते थे,
हफ़्ते के दिन अब हो गए ७,
जब हम सुख से सोते हैं,
हाँ कुछ ग़म भी होते हैं।

जो एक ही दिन के खर्चे थे,
अब महीने भर में होते हैं।

जग पूछे तो सुख होता है,
ना पूछे तो क्या खोता है,
कुछ कामकाजी लोगों की
एक पहचान अलग सी होती है,
कुछ मान वान सा होता है,
कुछ ज़्यादा सम्मान भी होता है,

क्यों इस पर ज़्यादा गौर करें,
जो अपने बस की बात नहीं,
उसपे हम इतना क्यों सोचें,
कोई मान करे अपमान करे,
जिसको जो भए वो कर ले
कोई कुछ दे हम ले ही लें
ऐसे भी हम मजबूर नहीं।

हर दिन अब कुछ तो कहता है,
पहले चुप सा ही रहता था,
कब भोर हुई कब शाम हुई,
एक नयी सुबह हर रोज़ हुई,
पहले से बँधे हुए दिन में,
कब कहाँ तो ऐसी बात हुई,
पहले बंधा हुआ जीवन था,
एक उम्र बँधी थी, बंदी थी,
किसी इमारत के अंदर,
दिन कितने ही बर्बाद हुए
अब बस में सुबहो शामें हैं,
हर वक़्त ही अपने नाम हुई,

जो चाहो तुम अब सब कर लो,
कोई ना रोके टोकेगा,
अब तुम अपने सपने चुन लो,
सुंदर सी एक दुनिया बुन लो ।

अब शांति का जीवन है,
आगे बढ़ने की होड़ नहीं?
रहता अब कोई शोर नहीं,
कब शुरू हुआ कब खत्म हुआ,
कब पहली तारीख गयी,
हफ़्ते क्या साल भी बीत गये,
जीने में हम मशगुल रहे,
कब चलना है कब रुकना है,
हम इतना तो अब सीख गये।

17. एक अनोखी लड़की

एक अनोखी लड़की
कुछ कहती,कुछ करती
चलती फिर रुक जाती,
कभी जिताती किसी ग़ैर को
उसको ख़ुशियाँ देती,
कभी मनाती अपने मन को
ख़ुद को है फुसलाती।

एक अनोखी लड़की,
अपनों के बीच में रहकर भी अपनों को हो वो ढूँढे,
और अकेले होकर भी ख़ुद को ढूँढ नहीं पाती,
नहीं किसी पर आश्रित है वो, ना ग़म को साँझा करती,
विपदाओं में भी जो बिता वो समय था उसके अंदर,
जग ने बस उसकी गूँज सुनी, ना सुना किसी ने क्रंदन ।

है बुलंद आवाज़ वो ख़ुद को नहीं दबाती,
अब जग छूटे या सब रूठें,
अपने मन की वो कर जाती,
है उम्मीद उसी से बदलेगी वो ये दुनिया सारी,
जो बातें वो कहती सबसे, सबको हिम्मत देती,
हिम्मतवाली दिखती है पर मन में है वो सहमी,

वो तो है एक सुखद सवेरा, पर रात का पड़ा है डेरा,
वो ख़ुद को ही भूली बिसरी, ख़ुद पर नहीं भरोसा

उसके सपने नहीं पराए एक दिन होंगे पूरे,
पर उसका मन बात बात पर उसको यूँ भरमाए,
रह जाती फिर घिरी उन्ही से, जो है संशय देती,
उसमे इतनी क्षमता जो कर देगी दूर अंधेरा,
घिरे हुए जो बादल मन पर जिस दिन छट जाएँगे,
जग रौशन कर देगी , एक नयी किरण फूटेगी ।

एक अनोखी लड़की जब
ख़ुद के मन की सुन लेगी,
वो अपने को ही चुन लेगी,
फिर दुनिया में क्या होगा,
जो उसके पास नहीं होगा,
जिसने ख़ुद से उम्मीद रक्खी,
ना और किसी की बाट तकी
किसी ग़ैर के मन में फिर
ढूँढे ना अपना एक कोना,
फिर कौन सी बाधाएं उसको रोक सकेंगी।

जो उसके हो सके नहीं,
जो उसके थे सगे नहीं,
सब उसके आप ही होंगे,
उसकी बातों को सुनकर,
एक राह दिखाई देगी,
उसके अंदर से एक आवाज सुनाई देगी,
जो स्वर उत्सव में खोया हो,
वो संगीत सुनाई देगी,

वो ख़ुद में सम्पूर्ण है,
यही हुंकार सुनाई देगी ।

18. गठबंधन

दो लोगों ने देखा ख़ुद को,
यूँ लगा ये पहली बार नहीं,
कुछ मिलना जुलना ख़ास हुआ,
फिर आपस में एहसास हुआ,
कुछ जाना पहचाना सा है,
ये एक जन्म का साथ नहीं,
चलो बढ़ो फिर साथ चलें,
दें गठबंधन का नाम इसे,
हो गये वो दो एक दूजे के ।

कुछ दिन तो बहुत उजाला था
जीने मरने की कसमे थीं
हर दिन और रात थी गूँज रहीं,
सपनों सी दुनिया दमक रही ।

सपने रातों का गहना है,
टूटी जैसे ही भोर हुई,
जो सपना था वो अपना था,
ये कहाँ सवेरा ले आया,
ये कौन अजनबी संग हुआ,
ये कैसे लोगों की भीड़ हुई,
कोई तो अपना नहीं लगता,
ये सपने जैसा नहीं लगता,
ये कैसी कैसी बाते हैं,

ये कैसे अजीब से रिश्ते हैं,
ना अपने घर सा खाना है,
ना अपने जैसी बातें हैं,
ना हम जैसा ही है कोई,
ना हम किसी के जैसे हैं,
सब हमसे उम्मीदें बाँधे,
ये कैसी ग़ज़ब सी रीति है,
ना कोई लेना देना था,
ना पिछला कोई हिसाब रहा,
फिर हमसे उम्मीदें इतनी
किस मकसद से जुड़ गई यहाँ।

मन कुछ भरमाया सा लगता है,
जग की ये कैसी रीति है,
मन भी शामिल था साज़िश में,
ये भी ना मेरा अपना था ।

गांठों से जुड़ी हुई जो थी,
क्या होगा गर वो ढीली हो,
या कुछ ज़्यादा खिच जाए तो,
सोचा एक पल में तोड़ ही दें,
ये नाते रिश्ते छोड़ ही दें।

क्या जाता है गर टूटे तो,
ये धोखा है फिर छूटे तो,
फिर आसपास देखा हमने,
कुछ नजरों का फिर फेर हुआ,

सुना कभी हमने ये था,
अपने जो अपने आप हुए,
उसमें फिर कौन सी बात हुई,
जो अपनाना सबको सीखें तो,
फिर अपनों को हम जीतें यूँ,
रह जाए कोई ग़ैर नहीं,
कुछ अपने पर विश्वास करें,
फिर जग को क्यों ना जीतें हम ।

जो नाता हमने जोड़ा था,
उसको क्या हमही तोड़ेंगे,
जो सपना अपने मन का था,
उससे हम ही मुख मोड़ेंगे ?

जो एक बार भी छोड़ दिया,
जो मुख सबसे ही मोड़ लिया,
जो बिना किसी भी कोशिश के,
सबकुछ ठुकराना सीख गये,
जो बिना किसी की गलती के
सबको झुठलाना सीख गए।

फिर ये ऐसी गलती होगी,
जो बार-बार दोहराएंगे,
अगर छोड़ना चाहें भी,
तो भी छोड़ ना पाएंगे,
जिसे बदलना मुश्किल हो,
ऐसी आदत क्यों स्वीकार करें,

जो ख़ुद पर हो विश्वास अटल,
फिर क्यों ना हम कुछ ख़ास करें ।

जो घटना सबके साथ हुई,
गर सबने ही छोड़ा होता,
जो बात ग़लत हो माने भी,
बिन बात अगर तोड़ा होता,
बनता कब परिवार नया,
हम जिसको अपना घर कहते,
मम्मी पापा और भाई बहन,
जिन रिश्तों में हम पले बढ़े,
जिन नातों से आराम मिला,
जो होती कभी शुरुआत नहीं,
फिर कहाँ अभी बैठे होते,
किसके साथ झगड़ लेते,
किसको हम अपना कह लेते ।

19. शिशु संवाद

मेला छोना जब सो कर उठा,
पूछा मेला काल कहाँ हैं,
कल जो दो हाथों से पकड़ा,
वो मेरा संसार कहाँ है ?

उठा ग़ज़ब मुस्कान के साथ,
उठते साथ ही दौड़ पड़ा,
तलो-तलो, पकलना है पकलना है,
कह ठुमक ठुमक के दौड़ा,
गिरा धाएँ से, रोया फिर उठने से पहले चहक उठा,
चिड़िया की चीची के पीछे फिर वो ठुमका और दौड़ पड़ा ।

जहाँ जहाँ से वो जाता था,
चीची उसकी फुर्र हो जाती,
देख के ये सब खूब ठहकता,
रुकता, हँसता फिर चल देता।

खाने पीने से रहता बैर,
पर कहता ओटी खाना है,
जब लेकर आते हम रोटी,
फेक देता वो करके छोटी,
गुस्सा होकर जब हम पूछें
अब खाएगा कौन?
तो कहता

चीची आओ,
कौआ खाओ,
हम रह जाते मौन ।

घर के आगे सड़क बन रही,
उसको भी हाथ बटाना है,
रेत, बालू, गिट्टी, सीमेंट,
उसको भी तो उठाना है,
यही सोचकर बड़ा पतीला ले आया वो साथ,
पूछा क्या करना है बोला
गिट्टी को भलना है ।
किसी तरह बहला फुसला कर
उसको तो ले आए अंदर,
पर जब खोली उसकी मुट्ठी,
ले आया था भर के वो गिट्टी।

उसको सबका काम पता है,
घर में सबका नाम पता है,
दादी पूजा, पापा ऑफ़िच्छ, मम्मी खाना कहता है,
जब बोलो कहने को वो तब ही तो चुप रहता है।

वो करता है गौर सभी को
कहता दादी घुच्छ गयी
बाबू छुप गया,
पापा क्या कल लहे?
आँटी आ गयी ।
दीदी कहाँ गयी ।

किसी खिलौने से ज़्यादा भाता है उसको डब्बा,
पहले खोलो, बंद करो, फिर वापस उसको खोलो,
उसको सबसे ज़्यादा प्यारा लगता दरवाज़ा है,
जिसे खोलने के पीछे खुल-खुल दरवाज़ा कहता है ।

पापा शाम को आते जब घर,
दादी मम्मी को भूल वो जाता,
फिर पापा संग खेल अनोखे खेल खेल वो खाना खाता ।

पापा की गाड़ी में बैठने की रहती हरदम तैयारी,
आगे बैठके झूमे ऐसे जैसे चलाए गाड़ी,
पापा को नहीं होगी देर कभी कहीं जाने में,
पी पी करके दौड़ाएगा जब वो उनकी गाड़ी ।

कभी कभी उठ जाता
जब होती बस आधी रात,
उठ कर रोता जोर जोर से,
दादी को करके याद,
दादी दादी वो जप करता,
दादी जाना है ये कहता,
दादी सुनकर दौड़ के आती,
फिर कहता दिखलाओ जॉनी ।

तस्वीरें जो उसे दिखाएँ,
झट से वो लेता पहचान,
ख़ुश होकर दोहराता फिर मिष्टी दीदी,

बड़े पापा और बड़ी मम्मी का नाम,
और कहता फ़ील छे, फील छे दिखलाओ ।

जब से चलना आया है,
चलने को वन टू कहता है,
वन टू की रट में रहता है,
दादी बैठना चाहे भी तो वन टू करना कहता है,
दौड़ दौड़कर उसके पीछे थक गयी उसकी दादी,
और फ़ोन पर कार दिखाकर,
वो भी ब्लू ओलेंज रंग की,
थक गयी उसकी नानी ।

बुआ को कहता हलछित भैया,
और भैया को बुआ दिखाओ,
जब भी फ़ोन उठाए,
हेलो कौन है कहता,
फिर आगे हरछित भैया और बुआ की खोज है करता ।

तनु कार का वो दीवाना,
दिन भर गाता दीदी का गाना,
फूफा जी को फूफा कहता,
दादा, चाचू उसके खास,
जब जी चाहे करता याद ।

नाना उसके बड़े चहेते,
लेता रहता उनका नाम,
पूछो नाना क्या खाते तो,

लेता मूढ़ी का ज़्यादा नाम
और कभी देखे खाते तो झट से
बिच्छकिट, चाऊमीन और आई छ क्रीम को लेता पहचान।

मामा दिल के सबसे पास,
दिखलाएं सेव, संतरे, बस और आम,
जब भी देखे करता काम,
कहता मामा नूनू पढ़ता,
झूम झूम कर हाथ हिला कर,
हँसता कभी बजाता ताली ,
मामी को जब करता याद,
छुंदर मामी आती पास,
सुनकर जैसे ही आवाज,
कहता उनको दिखाओ पंखा
झूम झूम फिर गाना गाता,
ई ई कू कू माँ माँ आ आ ।

मेला छोना बाबू कहता,
इबाला दिखाओ, ई बाला,
इधर जाना है,
किधर जाना है,
घुमा दो, पत्ता छूना है, फूल तोलना है,
नहीं जरूरी रहने देता कोई दूसरा काम,
वो जब सो जाता है दिन में
हम सब हो जाते बेकाम ।

वो उठ जाए, घर उठ जाए,

वो सो जाए, घर सो जाए,
एक मात्र है वही सवेरा उसी से होती शाम ।

अभी अभी ये आया जग में सबका बॉस बना फिरता है,
क्या दादी क्या मम्मी पापा सबपे धौंस जमाता रहता,
आँखों से करता है बातें,
मुस्का कर देता है दाम,
और मासूम सा दिखने वाला,
ज़ब भी रोने की ले ठान,
अपनी हर ज़िद को मनवाए,
पूरा करवा लेता हर काम।

ऐसे ही होते हैं बच्चे,
मन के सबसे होते सच्चे,
और अक्ल के होते कच्चे,
नहीं है थकते चलते रहते,
सिखलाए हमको खुश रहना,
रोते रोते भी हंस देना,
और लेना विश्राम ।

20. सपनों वाला घर

एक हो छत अपने सर पर
जो घर का अम्बर कहलाए,
रहें इकट्ठे साथ प्रियजन,
अपना संसार कहाए ।

बचपन से देखा घर हमने,
कई थे सपनों जैसे,
हमने भी सोचा,
ऐसा ही घर बनवाएँगे,
एक आँगन, एक छत, एक बड़ा झरोखा होगा,
एक बरामदा शुरू में होगा, जो सुबह शाम का होगा डेरा,
गप्पे होंगी, बातें होंगी, चाय वाय और चूड़ा होगा,
घर के बीच में आँगन होगा, मीठी धूप का जहाँ बसेरा होगा ।

छत के उपर एक छत का कमरा,
भीतर उसके रंग सुनहरा,
सजा हुआ जो रंग हो गहरा,
बचपन की यादें दे पहरा,
गर्मी की रातों के सपने,
छत पर ही होते सब अपने,
दिनभर बिखरे होते कपड़े,
रात को ले आते हम पकड़े,
कई कुर्सियाँ, कई चटाई,
बैठक लगती, रंग जमाते, फिर तारों की करते गिनती ।

एक रसोई बड़ी सी होती,
मम्मी के संग समय बिताते,
ले आते हम सारी बातें और बीते दिन के सारे किस्से,
करते करते बात कभी आ जाती कुछ अपने भी हिस्से,
गरम पकौड़ी, गरम समोसे या फिर चखने को कुछ व्यंजन,
जिसका स्वाद हमही बताते, नमक है ज़्यादा या फिर है कम।

लगा रसोई से एक कमरा,
जिसमे खाते मिलजुल खाना,
और जब आती होली दिवाली
वहीं बैठ होती तैयारी,
बनने वाली जो भी मिठाई,
गुजिया, ठेकुआ,पुआ या लड्डू ।

पापा जब शाम को वापस आते,
घर के बड़े झरोखों से पहले ही वो दिख जाते,
हम जाते फिर दौड़ दौड़ कर उनको गले लगाते,
झोले में समान क्या लाए उसका पता लगाते।

एक मम्मी पापा का कमरा, सबसे बड़ा वो होता,
उसके आजु बाजू के दो हम बच्चों के होते,
एक कमरे में होती पढ़ाई, एक में होती लड़ाई,
दौड़ के मम्मी पापा आते जल्दी से वो सुलह कराते,

एक कमरा बड़ा सा ऐसा होता जिसमे जुट जाती सब ख़ुशियाँ,
जब गर्मी की छुट्टी आती ढेर सारे अपने जुट जाते,

हम करते कुछ सैर सपाटे और कुछ अपने मन की गाते,
एक बगीचा ऐसा होता जिसमे हम खेल खेल थक जाते ।

अभी बहुत से कमरे को हम जोड़ रहे थे मन में,
तभी सुनाई हमें दे गयी किसी की एक हिदायत,
जो कहती ऐसे रहना, वैसे रहना,
ना ठोको ना ज़्यादा बोलो,
पानी का नल भी कम खोलो,
घर है मेरा नहीं तुम्हारा जो मर्जी तुम मत कर लो,
बस अब सपना टूट चुका था,
इस आभास से मन रूठ चुका था,
ये तो वही किराए का घर जो मेरा कभी नहीं था,
ना जाने कब नीव डलेगी, दीवाल खड़ी कब होगी,
जिसे कह सके हम अपना घर वो मेरे सपनों वाला घर,
कब वो बन पाएगा,
कब होगा वो घर का आँगन जिसमें सब मिल बैठेंगे।

नहीं जानता बचपन घर कैसे बनता है,
कितनी लागत आती है, खर्चा कितना होता है,
वो तो अपने सपनों में ही उस घर को बुनता है,
हर दिन एक नए तरीके से उसको रचता है ।

आस पास के सुंदर सारे घर को वो तकता है,
यही सोचता है एक दिन एक घर मेरा भी होगा,
मम्मी, पापा और भाई बहन के साथ दिवाली होगी,
उस घर के हम अपने होंगे, जो जी चाहे वो कर लेंगे,
ना कोई बंदिश, ना ही कोई रोक टोक सी होगी,

खुल कर हँसती सुबहें होंगी और शाम ठहाकों वाली,
उस घर में हर दिन आएगी होली रात दिवाली।

वो मेरे सपनों वाला घर, वो मेरे अपनों वाला घर,
बन ना पाए इस जीवन में, तो भी क्यों ग़म होगा,
संचित करके सारे सपने, पूरे घर का नक़्शा,
उसे सुरक्षित कर रक्खा है अपने मन के भीतर,
नहीं हिला सकती दीवारें, कितनी भी आंधी आए,
मेरा घर मेरे मन में ही तो बसता है,
भाग दौड़ के इस जीवन में अपने सारे बिखरे,
पर मन में वो रोज़ शाम को लौट के वापस आते,
हर दिन हम वापस जुड़ जाते,
दिनभर जो बिता सारी घटना सुनते और सुनाते,
कितनी सुंदर हैं दीवारे, कितना सुंदर आँगन,
रोक ही लेता है कुछ पल को, मेरे मन का दर्पण,
वो मेरे सपनों वाला घर, वो मेरे अपनों वाला घर ।

21. प्रकृति का मौन

सूर्य, चंद्रमा, टिम टिम तारे,
धरती, अम्बर और सितारे,
पेड़ , पौधे और सारे नजारे,
ये सब मौन खड़े क्यों?

मौन की ही क्या ताक़त है जो,
ये सब इतने बड़े हैं ।

अगर बात ना करें दूर की आस पास ही देखें,
पास लगे पेड़ों को भी देखें तो विस्मय होता,
है सजीव ये सब जग जाने,
फिर कैसे हैं ये सहते,
मौन खड़े बस देखें सबको,
ना कभी किसी को रोकें टोकें,
जब कोई पत्ता, जब कोई डाली,
इनकी है कट जाती,
नहीं कोई होती क्या पीड़ा,
या फिर मौन ही वो रोते हैं ।

जितने गहरे उतने ऊँचे,
ये तो लगते सच्चे योगी,
इनके तप का ताप है इतना,
इतना गहरा ध्यान है इनका,
बरस तो क्या युग भी हैं बीते,

रहे मग्न वो स्थिर होकर,
काट भी जाए अगर कुल्हाड़ी,
या फिर जंगल की आग जलाए,
फिर भी मौन ना इनका टूटे,
ना अभिशाप की भाषा बोलें,
इनकी सूक्ष्म सी भी जड़ कोई,
रह जाए मिट्टी के अंदर,
वो भी जोग का हिस्सा हो लें,
जब चाहें वो दें हरियाली,
बीज अगर टूटे गिर जाए,
गहरी खाई में खो जाए,
या चट्टानों में दब जाए,
अपने तप को ना ये छोड़ें,
कुछ पल क्या सदियां भी हो ले,
राह देखती बिन कुछ बोले,
अमिट धैर्य की भाषा बोलें,
जब आए अनुकूल समय तब,
लहराएँ ये शाखा बनकर।

हम ये सोचे ये सोते हैं,
पर क्या होता इनका सपना,
कहीं हमही तो नहीं कल्पना,
इनके सपनों में हम जीते,
जब तक ये सोयें हम जियें,
क्या हो गर एक दिन जग जाएँ,
हम जैसे सारे एक पल में छूमंतर क्या फिर हो जाएँ ?

डर के फिर हम इनको घेरे,
गले लगाएं दें संरक्षण,
टूटे ना नींद कभी भी इनकी,
आओ इनका साथ निभाएँ ।